www.ingramcontent.com/pod-product-compliance
Lightning Source LLC
LaVergne TN
LVHW021227080526

ایوانِ غزل

(انتخابِ غزلیات)

مرتبہ:

مناظر عاشق ہرگانوی / شاہد نعیم

© Taemeer Publications LLC

Aiwan-e-Ghazal *(Ghazals)*
by: Manazir Ashiq Harganvi, Shahid Nayeem
Edition: December '2024
Publisher :
Taemeer Publications LLC (Michigan, USA / Hyderabad, India)

ISBN 978-93-5872-883-5

مرتب یاناشر کی پیشگی اجازت کے بغیر اس کتاب کا کوئی بھی حصہ کسی بھی شکل میں بشمول ویب سائٹ پر اَپ لوڈنگ کے لیے استعمال نہ کیا جائے۔ نیز اس کتاب پر کسی بھی قسم کے تنازع کو نمٹانے کا اختیار صرف حیدرآباد (تلنگانہ) کی عدلیہ کو ہوگا۔

© تعمیر پبلی کیشنز

کتاب	:	**ایوانِ غزل** (انتخاب غزلیات)
مرتب	:	**مناظر عاشق ہرگانوی رشاہد نعیم**
صنف	:	شاعری
ناشر	:	تعمیر پبلی کیشنز (حیدرآباد، انڈیا)
سالِ اشاعت	:	۲۰۲۴ء
صفحات	:	۱۱۴
سرورق ڈیزائن	:	تعمیر ویب ڈیزائن

فہرست

حرفِ سخن: مناظر عاشق ہرگانوی ۷ ○ حرفِ آغاز: شاہد نعیم ۹

ابراہیم اشک	۱۰	انوار فیروز	۲۵	حامدی کاشمیری	۴۰
احمد فراز	۱۱	انور سدید	۲۶	حیدر قریشی	۴۱
اختر ہوشیارپوری	۱۲	انور شعور	۲۷	رشیدہ عیاں	۴۲
ادا جعفری	۱۳	انیس دہلوی	۲۸	رفعت سروش	۴۳
ادیب سہیل	۱۴	اوم کرشن راحت	۲۹	رئیس الدین رئیس	۴۴
ارمان نجمی	۱۵	ایوب جوہر	۳۰	ساحر شیوی	۴۵
اسعد بدایونی	۱۶	باقر مہدی	۳۱	سالک لکھنوی	۴۶
اسلم حنیف	۱۷	بشیر بدر	۳۲	سجاد مرزا	۴۷
اطہر عباسی	۱۸	بشیر سیفی	۳۳	سعید شباب	۴۸
اظہار مسرت	۱۹	بلقیس ظفیر الحسن	۳۴	سلطان اختر	۴۹
اظہر جاوید	۲۰	بیکل اتساہی	۳۵	سلطان سبحانی	۵۰
افتخار امام صدیقی	۲۱	پرکاش فکری	۳۶	سیّد ضمیر جعفری	۵۱
افتخار سعید	۲۲	پروین کمار اشک	۳۷	سیّد معراج جامی	۵۲
افتخار عارف	۲۳	جگن ناتھ آزاد	۳۸	سیفی سرونجی	۵۳
امام اعظم	۲۴	جمشید مسرور	۳۹	شارق جمال	۵۴

ایوانِ غزل

شان بھارتی	۵۵	عاصم شہوازشبلی	۷۵	محسن احسان	۹۵
شاہد جمیل	۵۶	عاصی کاشمیری	۷۶	محسن بھوپالی	۹۶
شاہد نعیم	۵۷	عبدالقوی ضیاء	۷۷	مشکور حسین یاد	۹۷
شاہین	۵۸	عبداللہ کمال	۷۸	مصور سبزواری	۹۸
شبنم رومانی	۵۹	عزیز پری ہار	۷۹	مظفر حنفی	۹۹
شگفتہ طلعت سیما	۶۰	عتیق اللہ	۸۰	مظہر امام	۱۰۰
شمیم قاسمی	۶۱	عشرت ظفر	۸۱	مناظر عاشق ہرگانوی	۱۰۱
شوکت ہاشمی	۶۲	علقمہ شبلی	۸۲	منصور عمر	۱۰۲
شہپر رسول	۶۳	علیم صبا نویدی	۸۳	منتظر نسیم	۱۰۳
شہریار	۶۴	عنوان چشتی	۸۴	منور ہاشمی	۱۰۴
شہود عالم آفاقی	۶۵	غلام مرتضیٰ راہی	۸۵	مہدی جعفر	۱۰۵
صابر آفاقی	۶۶	فضا ابن فیضی	۸۶	ناصر شہزاد	۱۰۶
صدیق مجیبی	۶۷	فہیم اعظمی	۸۷	ندا فاضلی	۱۰۷
صغریٰ عالم	۶۸	فیضی سمبل پوری	۸۸	نذیر فتح پوری	۱۰۸
ظفر اقبال	۶۹	کالید اس گپتا رضا	۸۹	نسیم سحر	۱۰۹
ظفر گورکھپوری	۷۰	کرشن کمار طور	۹۰	وزیر آغا	۱۱۰
ظفر ہاشمی	۷۱	کرشن موہن	۹۱	وسیم بریلوی	۱۱۱
عادل منصوری	۷۲	لطف الرحمٰن	۹۲	یونس احمر	۱۱۲
عارف شفیق	۷۳	محبوب راہی	۹۳		
عارف فرہاد	۷۴	محمد سالم	۹۴		

ایوانِ غزل

انتساب

(مرحوم) محمد نعیم خاں
ولد
عبدالحلیم خاں (مرحوم)
کے
نام

○◉○

دستیاب رسائل

آجکل (دہلی)
اثبات و نفی (کلکتہ)
اخبارِ نو (دہلی)
ادب (دربھنگہ)
ادوار (خانپور)
اردو ادب (اسلام آباد)
اردو ادب (لندن)
اسباق (پونہ)
اصنام (وشاکھاپٹنم)
الکوثر (سہسرام)
انبساط (آسنسول)
انتساب (سرونج)
اوراق (لاہور)
ایوانِ اردو (دہلی)
باجی (دہلی)
پرواز (دھنباد)
پندرہویں صدی (دہلی)
ترسیل (بمبئی)

ترویج (سونگڑہ)
تسطیر (لاہور)
تعمیرِ ہریانہ (چنڈی گڑھ)
تیرِ نیم کش (مراد آباد)
جدید اسلوب (سہسرام)
جمناتٹ (پنچکولہ)
ذہنِ جدید (دہلی)
راوی (بریڈفورڈ)
رنگ (بجوا)
روحِ ادب (کلکتہ)
زبان و ادب (پٹنہ)
سیپ (کراچی)
سفیرِ اردو (لیوٹن)
سہیل (گیا)
شاعر (بمبئی)
شب خون (الہ آباد)
شہود (کلکتہ)
صدا (لندن)

صریر (کراچی)
طلوعِ آفتاب (کراچی)
فلمی ستارے (دہلی)
قرطاس (ناگپور)
کتاب نما (دہلی)
کوہسار جرنل (بھاگلپور)
گلبن (احمد آباد)
گلکدہ (سہسوان)
لمحے لمحے (بدایوں)
محرک (آسنسول)
مریخ (پٹنہ)
منشور (کراچی)
میرٹھ میلہ (میرٹھ)
نظام (مظفرپور)
نقوش (لاہور)
نیا دور (لکھنؤ)
نیا ورق (بمبئی)

حرفِ سخن

سال بہ سال کی غزلوں / آزاد غزلوں کے انتخاب کی ساتویں کتاب "ایوان" کے لیے ہزاروں غزلیں پڑھتے وقت خوشگوار حیرت اور مسرت ہوئی۔ ۱۹۹۷ میں زیادہ تر تازہ کار اور عصری حسیّت سے بھرپور غزلیں کہی گئی ہیں۔ آج کے انسانی معاشرے کی صورتِ حال کی بے لاگ مبصرّ یہ غزلیں مشینی زندگی کی پیچیدگیوں اور اس سے پیدا ہونے والی کرب آمیز بے چینیوں کی عکاسی کرتی ہیں، زندگی کی بے سمتی اور لایعنیت کا احساس دلاتی ہیں، فلاکت زدہ مخلوق کی شناسائی کے طویل سلسلۂ عمل کی معنی خیزی کو ظاہر کرتی ہیں اور خارجی سطح پر ہونے والے تشدّد اور ناانصافی کے ساتھ ساتھ داخلی سطح پر پیدا ہونے والے انتشار و بے چینی کی آئینہ داری بھی کرتی ہیں۔ ہم نے انتخاب کے وقت ایسی ہی غزلوں کو فوقیت دی ہے۔ لیکن ہر نہج کی غزلوں سے آگاہی کے لیے بعض کلاسیکی رنگ کی اور بعض رومانی انداز کی غزلیں / آزاد غزلیں بھی اس انتخاب میں شامل ہیں۔ لیکن ایسی غزلیں نمونتاً ہیں۔

چونکہ شاعری اور وقت میں ایک گہرا باہمی ربط ہے اس لیے وقت کے مسئلے نے اہلِ فکر کو عموماً اور شاعروں کو خصوصاً متاثر کیا ہے۔

وقت کے متعلق ایک مشہور قول ہے کہ زمانے کو برا نہ کہو اس لیے کہ زمانہ خدا ہے۔

دراصل وقت کا بہاؤ خدا اور روح کی ہمیشگی، چیزوں کے گزر جانے اور انفرادی یا اجتماعی زندگی میں ہر لحظہ تغیّر و تبدّل کے رونما ہونے میں ہے۔

اردو شاعری اور خصوصاً اردو غزل میں یہ تغیّر و تبدّل ہم دیکھ سکتے ہیں۔

غزل کا کارواں افسانہ اور افسوں کی دھوپ چھاؤں میں سفر کرتا اپنی موجودہ منزل تک پہنچا ہے جس میں زندگی کی بنیادی حقیقتیں اور سماجی مسئلے نئے شعریات سے ہم آہنگ ہو کر سامنے آئے ہیں اور موضوع کی مناسبت سے اظہار کے نئے پیکر تخلیق کیے گئے ہیں۔

وجہ یہ ہے کہ آج کے انسان کی خوداعتمادی اور اس کا تیقّن مجروح ہو گیا ہے۔

ہر فرد تشکیک، خوداذیتی اور گومگو میں مبتلا ہے۔

تہذیبی حصار میں جگہ جگہ دراڑیں پڑ چکی ہیں۔

اور باطن شکست و ریخت کی گرفت میں ہے۔

ایسے میں تبدیلی لازمی ہے۔

یہ تبدیلی جدیدیت سے مابعد جدیدیت تک پھیلی ہوئی ہے۔

پھر آج کی غزل اور آزاد غزل میں فکر، حسن و رعنائی، نظم و ضبط، زمانی و مکانی احساس کی خوبصورتی اور سنجیدگی، رومانی ارتعاش، جمالیاتی سنجیدگی، عصری کرب، تہذیبی قدروں کی پامالی کا احساس، زمانہ کی ناقدری، یقین کی بے حرمتی، تاریخی جبریت، سائنسی حقائق کی نئی تکنیکی علامتیں، فنی قیود و پابندی سے گریز کا احساس، اساطیری احساس کا حسن، دیومالائی اصلاحیں، ثقافتی انتشار، آدرشوں کے فقدان اور نا آسودہ ذہن کی نشانیاں کروٹیں لے رہی ہیں۔

یہ خوشگواری ''ایوان'' میں شامل غزلوں / آزاد غزلوں میں دیکھی جاسکتی ہے۔

''ایوان'' میں بعض معروف شعراء کی شمولیت اس لیے رہ گئی ہے کہ تمام رسائل ہمیں دستیاب نہیں ہو سکے، بعض شاعروں کی غزلیں نئے لب و لہجے میں نہیں تھیں اور بعض کے لیے ہم گنجائش نہیں نکال سکے۔

ڈاکٹر مناظر عاشق ہرگانوی

حرفِ آغاز

یوں تو ڈاکٹر مناظر عاشق ہرگانوی صاحب نے غزلوں / آزاد غزلوں کے انتخاب کا سلسلہ کئی سال سے جاری کر رکھا ہے لیکن ہم دونوں کے اشتراک سے "ترسیل"، "جلترنگ" اور "بساط" اس سے قبل منظرِ عام پر آچکا ہے اور اب ۱۹۹۷ء کی غزلوں / آزاد غزلوں کا انتخاب "ایوان" آپ کے ہاتھوں میں ہے۔

یہ مجموعہ آج کے انسان کے باطنی کرب اور اس کے اندر بپا ہونے والی قیامتوں کا منظر نامہ ہے جس میں تہہ داری کی ایسی خصوصیات ہیں جن سے آج کے اور آنے والے کل کے اسکالر اور محقق استفادہ کر سکیں گے۔ ان غزلوں اور آزاد غزلوں کا اسلوب ایک نئے ذائقے سے روشناس کراتا ہے اور زندگی اور اس کے پیدا شدہ تمام ترکیفیات کا آئینہ ہمارے سامنے کر دیتا ہے کہ جس میں آہوں کا دھواں، التجاؤں کا عکس، حرفِ مدعا، رمز، حیا، یقین کی صداقتوں کے ٹوٹنے بکھرنے کا غم اور دیارِ غم کے مسافر کی بے نوا تنہائی میں بکھری ہوئی یادیں اور ٹوٹے ہوئے سپنے سبھی کچھ ہیں۔

اس سے قبل کے انتخاب میں ہم نے ایک صفحہ میں دو شاعروں کو جگہ دی تھی اور تقریباً سوا دو سو غزلیات کی شمولیت ہوتی رہی تھی۔

لیکن اس بار ہمارے انتخاب کے معیار پر وافر غزلیں نہیں آ سکیں اسی لیے ایک صفحہ میں صرف ایک ہی غزل شامل کر سکے ہیں۔

ہم آئندہ بھی انتخاب کا یہ سلسلہ جاری رکھنے کا عزم رکھتے ہیں۔

شاہد نعیم

ابراھیم اشک

□

اِک سفر منزل بہ منزل ہر قدم سنجیدگی
زندگی کے ہر ورق پر کی رقم سنجیدگی

موجۂ دردِ نہاں سے میں نے لکھا حرفِ نو
ابتدائے شوق ہی سے تھی نہ کم سنجیدگی

جانے کیسی موج اُٹھّی ہے سرِ احساسِ جاں
دے رہے ہیں پھر مجھے آنکھوں کے نم سنجیدگی

جا بہ جا چھوڑے نقوشِ عظمتِ عرضِ ہنر
ہے مری آوارگی میں دم بہ دم سنجیدگی

اس جہانِ گمرہی میں غیر سنجیدہ ہیں لوگ
لکھ رہا ہے اشکؔ اپنا ہی قلم سنجیدگی

احمد فراز

ابھی کچھ اور کرشمے غزل کے دیکھتے ہیں
فرازؔ اب ذرا لہجہ بدل کے دیکھتے ہیں

یہ کون لوگ ہیں، موجود تیری محفل میں
جو لالچوں سے تجھے، مجھ کو جل کے دیکھتے ہیں

نہ تجھ کو مات ہوئی ہے، نہ مجھ کو مات ہوئی
سو اب کے دونوں ہی چالیں بدل کے دیکھتے ہیں

ابھی تلک تو نہ کندن ہوئے، نہ راکھ ہوئے
ہم اپنی آگ میں ہر روز جل کے دیکھتے ہیں

بہت دنوں سے نہیں ہے کچھ اس کی خیر خبر
چلو فرازؔ کو، اے یار چل کے دیکھتے ہیں

اختر ہوشیار پوری

میں حرف دیکھوں کہ روشنی کا نصاب دیکھوں
مگر یہ عالم کہ ٹہنیوں پر گلاب دیکھوں

پرانے خوابوں سے ریزہ ریزہ بدن ہوا ہے
یہ چاہتا ہوں کہ اب نیا کوئی خواب دیکھوں

یہ راستے تو مری ہتھیلی کے ترجماں ہیں
میں ان لکیروں میں زندگی کی کتاب دیکھوں

مراجعت کا سفر تو ممکن نہیں رہا ہے
میں چلتا جاؤں کہ موسموں کا عذاب دیکھوں

میں اپنی تصویر دیکھ کر مطمئن کہاں ہوں
وہ دن بھی آئے لہو کو جب کامیاب دیکھوں

ادا جعفری

□

روز و شب کی کوئی صورت تو بنا کر رکھوں
کسی لہجے، کسی آہٹ کو سجا کر رکھوں

کوئی آنسو سا اُجالا، کوئی مہتاب سی یاد
یہ خزینے ہیں، انہیں سب سے چھپا کر رکھوں

شور اتنا ہے کہ کچھ کہہ نہ سکوں گی اس سے
اب یہ سوچا ہے نگاہوں کو دُعا کر رکھوں

آندھیاں ہار گئیں جب تو خیال آیا ہے
پھول کو تند ہواؤں سے بچا کر رکھوں

میرے آنچل میں ستارے ہی ستارے ہیں اداؔ
یہ جو صدیاں ہیں جدائی کی سجا کر رکھوں

ادیب سہیل

□

ہوں بے سراغ راہ ناپتا ہوں
اِس طرف اُس طرف کو بھاگتا ہوں

وہ کب کا مکاں کر گیا ہے خالی
اِک لاگ ہے در کو تاکتا ہوں

تھا قرب ہی قرب حاصل اک دن
اب خواب میں اس کے جاگتا ہوں

پنبہ بہ گوش ہو جائیں سامع
میں شور کی حد پھلانگتا ہوں

نازک ہے بہت یہ کارِ نغمہ
اس پہ صدا کے سنگ مارتا ہوں

ارمان نجمی

میں لکھ کر ہو سکوں گا سرخرو کیا
قلم کیا اور قلم کی آبرو کیا

نہ سوچا کاٹنے والے نے اتنا
ہری ڈالی کی تھی کچھ آرزو کیا

ذرا جاگے تو ہم سینہ سپر ہوں
اَنا کو جو سلا دے وہ لہو کیا

زمیں کو آب و دانہ دے کے دیکھو
کِھلا دیتی ہے گلزارِ نمو کیا

عدو کو زیر کر لو فاصلوں سے
لڑائی اب ہے لازم دو بدو کیا

اسعد بدایونی

□

ہوا ہوس کے علاقے دِکھا رہی ہے مجھے
گلِ گنہ کی مہک پھر بلا رہی ہے مجھے

ابھی نہ جاؤں گا میں دوسرے ستارے پر
کہ یہ زمین بہت راس آ رہی ہے مجھے

چراغ بھی مرا چہرہ ہے شب بھی میرا جسم
تو پھر یہ خلقِ خدا کیوں جلا رہی ہے مجھے

سمجھ میں کچھ نہیں آتا کہ یہ ہوائے وجود
جلا رہی ہے مجھے یا بجھا رہی ہے مجھے

گیاہِ عشق بھی میری، گلِ ہوس بھی مرے
تو کیوں زمین تماشہ بنا رہی ہے مجھے

اسلم حنیف

□

رفیق، دوست، محب مجھ کو شاق سب ہی تھے
اگرچہ کہنے کو یہ ہم مذاق سب ہی تھے

میں امتحان کی کاپی کو سادہ چھوڑ آیا
دماغ میں تو سیاق و سباق سب ہی تھے

تمام رات رہا دل میں جبس کا منظر
کُھلے ہوئے تو درِ اشتیاق سب ہی تھے

اسی محل سے تھی وابستہ شہر کی عظمت
شکستہ یوں تو در و بام و طاق سب ہی تھے

ہمارا گاؤں فسادوں کی زد سے دُور رہا
اگرچہ لوگ شرارت میں طاق سب ہی تھے

اطہر عبّاسی

پھر زمانے کا بول بالا ہے
سانحہ کوئی ہونے والا ہے

واپسی ہو گئی پرندوں کی
پھر شجر پہ خوشی کا ہالا ہے

دوستی کے وقار کی خاطر
سانپ اِک آستیں میں پالا ہے

جانے کب کا بکھر چکا ہوتا
دل نے خود کو بہت سنبھالا ہے

ایک مدّت کے بعد گھر دیکھا
ہر طرف مکڑیوں کا جالا ہے

اظہار مسرّت

مابینِ شر و خیر یہ دفتر ہے معلّق
گردن پہ مرا سر ہے معلّق

افعال کی دنیا میں بدلتی ہوئی قدریں
تاریخ کے صفحوں میں سکندر ہے معلّق

نیندیں بھی نہیں جاگتے رہنے کا بہانہ بھی نہیں ہے
کمرے میں فقط یاد کا پیکر ہے معلّق

ہے ضبط کا سورج تو گہن میں
احساس کی بھیگی ہوئی چادر ہے معلّق

خدشات کا عالم!
اظہارِ مسرّت ہی کے اندر ہے معلّق

اظھر جاوید

تمنّا بجھ گئی ہو تو دُعا مانگی نہیں جاتی
رُتوں کی بے ثباتی سے صبا مانگی نہیں جاتی

یہ اس کی دین ہے وہ پیار دے یا ہجر کا غم دے
خدا سے شے کوئی بہرِ خدا مانگی نہیں جاتی

یہ اپنی بے بسی ہے یا اسے اب بے حسی کہہ لیں
بلا کا حبس ہے لیکن ہوا مانگی نہیں جاتی

ہمیں معلوم ہے تاریکیاں کس طور چھٹتی ہیں
مگر شب زاد لمحوں سے ضیا مانگی نہیں جاتی

وفا کے کھیت جلتے ہیں، سوا نیزے پہ سورج ہے
عجب مشکل ہے اظہؔر، کیوں گھٹا مانگی نہیں جاتی

افتخار امام صدّیقی

□

بکھر ہی جاؤں گا میں بھی ہوا اُداسی ہے
فنا نصیب ہر اک سلسلہ اُداسی ہے

بچھڑ نہ جائے کہیں تو سفر اندھیروں میں
ترے بغیر ہر اک راستہ اُداسی ہے

بتا رہا ہے جو رستہ زمیں دِشاؤں کو
ہمارے گھر کا وہ روشن دِیا اُداسی ہے

اُداس لمحوں نے کچھ اور کر دیا ہے اُداس
ترے بغیر تو ساری فضا اُداسی ہے

کہیں ضرور خدا کو مری ضرورت ہے
جو آرہی ہے فلک سے، صدا اُداسی ہے

افتخار حسین رضوی سعید

□

عندلیبوں سے کبھی، گل سے کبھی لیتا ہوں
عزمِ برداشت دمِ تشنہ لبی لیتا ہوں

طنز کی سرد ہوائیں جو ستاتی ہیں مجھے
شدتِ گرمیِ احساس کو پی لیتا ہوں

زندگی باقی بھی اپنوں میں گزر جائے گی
اس لیے تلخیِ حالات کو پی لیتا ہوں

مجھ پہ سب لوگ گنہہ ڈال دیا کرتے ہیں
کس لیے کس کے لیے دریا دلی لیتا ہوں

انکساری نے مجھے اتنی بلندی دی ہے
بھول کر بھی نہ کبھی راہِ خودی لیتا ہوں

افتخار عارف

بکھر جائیں گے ہم کیا جب تماشا ختم ہو گا
مرے معبود آخر کب تماشا ختم ہو گا

چراغِ حجرۂ درویش کی بجھتی ہوئی لو
ہوا سے کہہ گئی ہے اب تماشا ختم ہو گا

یہ سب کٹھ پتلیاں ہیں رقص میں بس رات کی رات
سحر سے پہلے سب کر تب تماشا ختم ہو گا

یہی دو ایک پل کی رات ہے پھر مطلع الفجر
ہمارے ہوتے ہوتے سب تماشا ختم ہو گا

زمیں جب نور سے بھر دی گئی نور علیٰ نور
بنامِ مسلک و مذہب تماشا ختم ہو گا

امام اعظم

□

گردو غبار دھوپ کے آنچل پہ چھا گئے
اور گھن گرج کے شور بھی بادل پہ چھا گئے

اب تو کوئی کنول نہیں کھلتا ہے جھیل میں
اب کانٹے دار برگ ہی جل تھل پہ چھا گئے

وہ سو نہیں سکے گا کسی پل سکون سے
جب وسوسے بھی آنکھوں کے کاجل پہ چھا گئے

بجلی، ستارے، چاند، شفق اور دھوپ چھانو
کیسے زمیں کے برہنہ جنگل پہ چھا گئے

اعظم اسے وہ کہتے ہیں رنگوں کا ایک فن
جب داغ دھبے فرش کے مخمل پہ چھا گئے

انوار فیروز

□

ہم پہ تعزیر یہ رہنے دیجیے
آج حق بات بھی کہنے دیجیے

لوگ تو یونہی کہا کرتے ہیں
لوگ کہتے ہیں تو کہنے دیجیے

سچا خورشید اُبھر آئے گا
جھوٹ کے چاند کو گہنے دیجیے

یہی منزل کا نشاں بھی دے گا
خون رستوں پہ یہ بہنے دیجیے

کل نیا محل اٹھا لیجیے گا
آج دیوار کو ڈہنے دیجیے

انور سدید

خوابوں کی تفصیل بتا کر جائیں گے
جو اُٹھی ہے دھول بٹھا کر جائیں گے

آپ اگر چاہیں تو ہاں آرام کریں
ہم تو بس آواز لگا کر جائیں گے

کہتے ہیں پیمان نبھانا مشکل ہے
ہم اپنا پیمان نبھا کر جائیں گے

جذبے نے جو رنگ نکھارے آنکھوں میں
ان سے ہم تصویر بنا کر جائیں گے

آپ نے جو دیوار اُساری نفرت کی
انور یہ دیوار گرا کر جائیں گے

انور شعور

اتفاق اپنی جگہ، خوش قسمتی اپنی جگہ
خود بناتا ہے جہاں میں آدمی اپنی جگہ

کہہ تو سکتا ہوں مگر مجبور کر سکتا نہیں
اختیار اپنی جگہ ہے، بے بسی اپنی جگہ

کچھ نہ کچھ سچائی ہوتی ہے نہاں ہر بات میں
کہنے والے ٹھیک کہتے ہیں سبھی اپنی جگہ

صرف اس کے ہونٹ کاغذ پر بنا دیتا ہوں میں
خود بنا لیتی ہے ہونٹوں پر ہنسی اپنی جگہ

دوست کہتا ہوں تمہیں، شاعر نہیں کہتا شعورؔ
دوستی اپنی جگہ ہے، شاعری اپنی جگہ

انیس دھلوی

□

کیسے ہنر کا ذکر کیا، آبروئے ہنر نہیں
سب کے بنائے ہم نے گھر اور ہمارا گھر نہیں

کیسا عجیب وقت ہے، کوئی بھی ہم سفر نہیں
دھوپ بھی معتبر نہیں، سایہ بھی معتبر نہیں

جو میرے خواب میں رہی، پیکرِ رنگِ نور تھی
یہ تو لہولہان ہے، یہ تو مری سحر نہیں

بھٹکے ہوئے ہیں قافلے، کیسے ملیں گی منزلیں
سب تو بنے ہیں راہزن، کوئی بھی راہبر نہیں

کیسا عجیب حادثہ، ہم پہ گزر گیا انیسؔ
راکھ کبھی کے ہو چکے، اور ہمیں خبر نہیں

اوم کرشن راحت

خوش ہوں کب دل کی داستاں کہہ کر
کیا ملے گا یہاں وہاں کہہ کر

معنی کیا دے دِیے ہیں لفظوں کو
داستاں گو نے داستاں کہہ کر

وسعتِ بے کراں کو ہم ہی نے
سر چڑھایا ہے آسماں کہہ کر

ہم نے سچ مچ گماں بنا ڈالا
ہر یقیں کو گماں گماں کہہ کر

میں نے رُتبہ دیا ہے شعروں کو
دلِ حسّاس کا دُھواں کہہ کر

ایـّوب جوهر

□

ہم تصوّر میں ان کے اُبھرنے لگے
چشمِ آہو میں منظر سنوَرنے لگے

قاعدہ کلّیہ ہم نہیں جانتے
سجدہ کرنا تھا بس' سجدہ کرنے لگے

اے گناہو بتاؤ کہاں ٹھہروگے!
آسماں سے صحیفے اُترنے لگے

جب بھی روشن ہوا ہے اَلاؤ کوئی
ہم تری رہ گذر سے گذرنے لگے

پارسائی کی ہے دھوم اب کے مچی
دیکھو جوہرؔ بھی اب تو سدھرنے لگے

باقر مہدی

□

میں بھاگ کے جاؤں گا کہاں اپنے وطن سے
جیتا ہوں مصائب کی بقا میرے لیے ہے

سچ بولنے والے کو ڈراتے ہو ستم سے
رُک جاؤ، ٹھہر جاؤ، جزا میرے لیے ہے

افسوس کٹی عمر کتب خانوں میں، لیکن
یہ وسعتِ صحرا، یہ فضا میرے لیے ہے

میں راہِ یگانہ پہ ہمیشہ سے چلا ہوں
رُسوائی، تباہی تو سدا میرے لیے ہے

مجرم ہوں کہ فاشزم کے سایے میں ہوں جیتا
باقرؔ کو بچا لو، یہ سزا میرے لیے ہے

بشیر بدر

□

میں نے تری آنکھوں میں پڑھا اللہ ہی اللہ
سب بھول گیا، یاد رہا اللہ ہی اللہ

پیڑوں کی صفیں پاک فرشتوں کی قطاریں
خاموش پہاڑوں کی ندا اللہ ہی اللہ

بادل کی عبادت ہے برستا ہوا پانی
آنسو کی غزل حمد و ثنا اللہ ہی اللہ

ہم دونوں اسی پاک سمندر کی ہیں لہریں
لا ہاتھ مرے ہاتھ میں لا، اللہ ہی اللہ

اِک نام کی تختی کا مجھے شوق ہوا تھا
پانی پہ ہواؤں نے لکھا، اللہ ہی اللہ

بشیر سیفی

کسے خبر ہے میں دل سے کہ جاں سے گزروں گا
جو بار بار صفِ دُشمناں سے گزروں گا

یقین بھی تجھے آئے گا میری ہستی پر
یہی نہیں کہ میں تیرے گماں سے گزروں گا

ہر ایک شے مری جانب ہی ملتفت ہو گی
میں تیرے ساتھ اگر شہرِ جاں سے گزروں گا

اندھیری رات کا مجھ کو ذرا بھی خوف نہیں
کئی چراغ جلیں گے جہاں سے گزروں گا

زمین زاد ہوں سیفؔی زمیں پہ رہنا ہے
نہ کہکشاں نہ کسی آسماں سے گزروں گا

بلقیس ظفیر الحسن

□

کوئی آہٹ، کوئی سرگوشی، صدا کچھ بھی نہیں
گھر میں اِک بے حس خموشی کے سوا کچھ بھی نہیں

نام اِک نایاب سا لکھّا تھا وہ بھی مٹ گیا
اب ہتھیلی پر لکیروں کے سوا کچھ بھی نہیں

بے چھوئے اِک لمس کا احساس اِک خاموش بات
اس کے میرے بیچ آخر تھا بھی کیا کچھ بھی نہیں

دوستی کیسی، وفا کیسی، تکلّف بر طرف
آپ کچھ بھی ہوں، مگر کیا دوسرا کچھ بھی نہیں

دیکھنا یہ ہے کہ ملنے کس سے پہلے کون آئے
میرے گھر سے اس کے گھر کا فاصلا کچھ بھی نہیں

بیکل اُتساھی

□

بھیتر بسنے والا خود باہر کی سیر کرے، مولا خیر کرے
اِک صورت کی چاہ میں بھی کعبے کو دیر کرے، مولا خیر کرے

عشق وشق یہ چاہت واہت من کا بہلاوہ، پھر من بھی اپنا کیا
یار یہ رِشتہ کیسا جو اپنوں کو غیر کرے، مولا خیر کرے

ریت کا تودہ آندھی کی فوجوں پر تیر چلائے، ٹہنی پیڑ چبائے
چھوٹی مچھلی دریا میں گھڑیال سے بیر کرے، مولا خیر کرے

شوخ کا کافر ہر مورت پر جان چھڑکتا ہے، بن پاؤں تھرکتا ہے
من کا مسلماں اب قبلے کی جانب پیر کرے، مولا خیر کرے

فکر کی چاک پہ ماٹی کی تو شکل بدلتا ہے یا خود ڈھلتا ہے
بیکلؔ بے پر لفظوں کو تخئیل کا طیر کرے، مولا خیر کرے

پرکاش فکری

وہ رابطے بھی انوکھے جو دوریاں برتیں
وہ قربتیں بھی نرالی جو لمس کو ترسیں

سوال بن کے سلگتے ہیں رات بھر تارے
کہاں ہے نیند ہماری وہ بس یہی پوچھیں

بلاتا رہتا ہے جنگل ہمیں بہانوں سے
سنیں جو اُس کی تو شاید نہ پھر کبھی لوٹیں

پھسلتی جاتی ہے ہاتھوں سے ریت لمحوں کی
کہاں ہے بس میں ہمارے کہ ہم اُسے روکیں

حقیقتوں کا بدلنا تو خواب ہے فکریؔ
مگر یہ خواب ہے ایسا کہ سب جسے دیکھیں

پروین کمار اشک

□

موسم سوکھے پیڑ گرانے والا تھا
کس کس میں پھول بھی آنے والا تھا

تم نے کیوں بارود بچھایا دھرتی پر؟
میں تو دُعا کا شہر بسانے والا تھا

گھر کے دِیے نے آگ لگادی بستی میں
میں سورج دہلیز پہ لانے والا تھا

میری دُنیا کیسے اس کو راس آتی؟
اُس کا ہر انداز زمانے والا تھا

بچے اشکؔ کو پاگل کہہ کر بھاگ گئے
وہ پریوں کی کتھا سنانے والا تھا

جگن ناتھ آزاد

□

کوئی اظہارِ غمِ دل کا بہانہ بھی نہیں
ہو بہانہ بھی جو کوئی تو زمانہ بھی نہیں

زندگی! تجھ کو جو سمجھا ہوں تو اتنا ہی فقط
تو حقیقت بھی نہیں اور فسانہ بھی نہیں

خامشی فکر کا منبع بھی ہے اور بات یہ ہے
صاف گوئی کا عزیزو، یہ زمانہ بھی نہیں

اِک خزانہ تھا مرا جوشؔ ملیح آبادی
اب تو آزادؔ وہ ہاتھوں میں خزانہ بھی نہیں

آج کے دَور میں آزادؔ غنیمت ہے بہت
تم اُسے یاد نہ رکھنا تو بھلانا بھی نہیں

جمشید مسرور

□

باہر دمکتی برف میں اندر مہکتی رات میں
اُس کے بدن کا پھول ہے جیسے ہوا کے ہات میں

کھڑکی سے چھنتے چاند میں نزدیک آتشدان کے
زلفوں کا سایہ اوڑھ کے بیٹھی ہیں آنکھیں گھات میں

اُس کے لبوں سے ٹوٹ کر سیماب سے گرنے لگا
گیلے گلابوں سے اُڑے جگنو اندھیری رات میں

اِک نیم روشن کنج کی جادوگری سمٹی ہوئی
شانوں کے سیمیں حرف میں آنکھوں کی نیلی بات میں

اُڑتا ہوا اِک لفظ سا ہونٹوں نے آنکھوں سے کہا
تحریر میں آنے لگا بکھرا ہوا جذبات میں

حامدی کاشمیری

□

یہ اب کے کیسی مشکل ہو گئی ہے
بھٹکتی موج ساحل ہو گئی ہے

میسّر قربتیں اب بھی ہیں لیکن
کوئی دیوار حائل ہو گئی ہے

ہے حافظ اب خدا ہی وادیوں کا
بلائے کوہ نازل ہو گئی ہے

کہیں کوئی ستارہ بجھ گیا ہے
شکستہ رنگِ محفل ہو گئی ہے

اسی سے کرلو اندازہ سفر کا
قریب آ، دور منزل ہو گئی ہے

حیدر قریشی

□

عجیب کرب و بلا کی ہے رات آنکھوں میں
سسکتی پیاس لبوں پر، فرات آنکھوں میں

تمہیں تو گردشِ دوراں نے روند ڈالا ہے
رہی نہ کوئی بھی پہلی سی بات آنکھوں میں

قطار وار ستاروں کی جگمگاہٹ سے
سجا کے لائے ہیں غم کی برات آنکھوں میں

پھر اس کو دامنِ دل میں کہاں کہاں رکھیں
سمیٹ سکتے ہیں جو کائنات آنکھوں میں

بکھر گئے ہیں ملن کے تمام دن حیدرؔ
ٹھہر گئی ہے جدائی کی رات آنکھوں میں

رشیدہ عیاں

دل کی عمارت جھوٹے جذبوں پر تعمیر نہیں کرنا
خواب ادھورا دیکھو تو کوئی تعبیر نہیں کرنا

پھول کھلیں تو ہوا میں خوشبو ہو ہی جاتی ہے تحلیل
دل کی باتیں سمجھو، پر ان کی تفسیر نہیں کرنا

ماں کہتی ہے گھٹتی جلتی رہنا پی لینا آنسو
شعروں میں بھی بیٹی اپنا غم تحریر نہیں کرنا

ناصاحب! ہم سے مت مانگو عہدِ وفا ان باتوں پر
جبر و ستم سہنا لیکن کوئی تدبیر نہیں کرنا

جبر کے اندھیاروں میں رہنا ظلم کا سہنا ہے تقصیر
دیکھو میری جان عیاںؔ تم یہ تقصیر نہیں کرنا

رفعت سروش

□

درد کی زنجیر سے جکڑا ہوا میں
ریزہ ریزہ سانس کی شمشیر سے کٹتا ہوا میں

ڈر رہا ہوں روشنی کی ہر کرن سے
نیلگوں پرچھائیوں کی شال میں لپٹا ہوا میں

کب تلک اُڑتا رہوں گا دوش پر موجِ ہوا کے
زرد پتہ شاخ سے ٹوٹا ہوا میں

کل پرِ پرواز کے لائق نہ تھیں کیوں آسماں کی وسعتیں بھی
سوچتا ہوں آج اپنے آپ میں سمٹا ہوا میں

تجھ کو پڑھنا ہی نہیں آیا تو پھر شکوہ ہے کس سے
ہوں ازل سے بحر و بر کے صفحۂ احساس پر لکھا ہوا میں

رئیس الدین رئیس

تمام شہر میں ہے عام کاروبارِ ہوس
کہ چہرے چہرے پہ چسپاں ہے اشتہارِ ہوس

ابھی رگوں میں ہے تلخیِ اعتبارِ ہوس
بدن میں ٹوٹ رہا ہے ابھی خمارِ ہوس

جو چل پڑے ہو تو انجامِ گمرہی سے ڈرو
سپردِ خاک نہ کر دے یہ رہگذارِ ہوس

ہوا ہے گرم نہ کمرے کی کھڑکیاں کھولو
نہ جانے شہر میں ٹھہرے کہاں غبارِ ہوس

فرار، خواہشِ ہستی سے جب نہیں ممکن
نفس کی قید کہیں یا اسے حصارِ ہوس

ساحر شیوی

□

غمِ حیات کی پہنائیوں سے خوف زدہ
میں عمر بھر رہا ناکامیوں سے خوف زدہ

جہاں بھی دیکھو تعصب کی چل رہی ہے ہوا
ہمارا شہر ہے بلوائیوں سے خوف زدہ

کبھی کسی کا برا ہی نہیں کیا، پھر بھی
زمانہ ہے مری خوش حالیوں سے خوف زدہ

کرم تمہارا کوئی بے غرض نہیں ہوتا
ہے دل تمہاری مہربانیوں سے خوف زدہ

الٰہی تجھ کو خبر ہے کہ یہ ترا ساحرؔ
ہے کتنا اپنی پریشانیوں سے خوف زدہ

سالک لکھنوی

□

اب ایسی باتیں کوئی کرے جو سب کے من کو لبھا جائیں
کوئی تو ایسا گیت چھیڑے وہ جس کو سنیں اور آ جائیں

بے تال ہے کیسی یہ سرگم، بے لہرا پنچم ہے مدّھم
جو راگ ہے دیپک اس من میں اُس راگ کو کیسے گا جائیں

اب چلنا ہے تو چلنا ہے کیا پاؤں کے چھالوں کو دیکھیں
اس دھرتی کی پگ ڈنڈی سے کوئی تو ٹھکانا پا جائیں

یہ میرا لہو، وہ تیرا لہو، یہ میرا گھر، وہ تیرا ہے
جو آگ لگی ہے دونوں میں اب جاتے جاتے بجھا جائیں

یہ ڈھیر نہیں ہے مٹّی کا، اِک سالکؔ تھک کر سویا ہے
کچھ اوس گرا دو پلکوں سے، کچھ پھول یہاں لہرا جائیں

سجّاد مرزا

□

میں اس کی محبّت کے سمندر میں رہوں گا
اِک اور ہی منظر میں رہوں گا

دُنیا سے چلا جاؤں، تو پھر بھی
تخلیق کے بل بوتے پہ گھر گھر میں رہوں گا

احساس کو زنجیر بکف کس نے کیا ہے؟
احساس کے خوش رنگ سے شہپر میں رہوں گا

نکلوں نہ کسی سمت بگولے کی طرح میں
اب اپنے ہی محور میں رہوں گا

قسمت کے ستاروں پہ یقیں میرا نہیں ہے
سجّاد میں خود اپنے مقدر میں رہوں گا

سعید شباب

□

وہ بے گناہی ہماری معاف کرتا ہے
نہ فیصلہ ہی ہمارے خلاف کرتا ہے

سجائے رکھتا ہے خواب و خیال کی دنیا
حقیقتوں کا وہ کب اعتراف کرتا ہے

یہ ایچ پیچ، اگر اور مگر، یہ تاویلیں
جو صاف دل ہو وہ باتیں بھی صاف کرتا ہے

جو اپنی روح کے اسرار سے نہیں واقف
وہ میرے بارے میں کیا انکشاف کرتا ہے

جو حکم بھی ہوا صادر بس اس کو مان لیا
سعید دل سے کہاں اختلاف کرتا ہے

سلطان اختر

کھلتا ہوا گلاب سا چہرہ نہیں ملا
باغِ طلب میں کچھ تر و تازہ نہیں ملا

چہرے کی طرح سیکڑوں چہرے ملے مگر
اپنوں کی طرح کوئی بھی اپنا نہیں ملا

مصروفیت نے مجھ کو جدا مجھ سے کر دیا
میں اپنے آپ کو کبھی تنہا نہیں ملا

میں صَرف ہو رہا ہوں اسی جستجو میں اب
کیا کیا ملا مجھے ابھی کیا کیا نہیں ملا

حالانکہ موج موج پہ تھی اپنی سلطنت
ہم ڈوبنے لگے تو سہارا نہیں ملا

سلطان سبحانی

□

جہاں دار جتنی بھی سازش کرے گا
خدا ہم پہ رحمت کی بارش کرے گا

یہ شیشے کی آنکھیں، یہ پتھر کے چہرے
مرا درد کس سے گزارش کرے گا

کسی کا جو ہمدرد ہو گا زمیں پر
بہت گر کرے تو سفارش کرے گا

عجب چیز ہے یہ ہُنر کا خزانہ
نہ جس کو ملے، وہ نمائش کرے گا

غزل جو بھی دیکھے گا سلطان صاحب
کہانی کی وہ کیا ستائش کرے گا

سیّد ضمیر جعفری

□

دُنیا ہم سے کیسا تماشہ کرتی جاتی ہے
وقت تو کچھ گزرا ہی نہیں اور عمر گزرتی جاتی ہے

کوئی اچھی رُوح بھی ہے موجود جو غم کی یورش میں
دھرتی پر امّید کے پھول ستارے دھرتی جاتی ہے

پیڑوں کی لہکی شاخیں کیا جانیں درد پرندوں کا
اِک چڑیا ان بانہوں میں روزانہ مرتی جاتی ہے

فطرت ماں ہے، ماں کو کبھی شقاوت کا الزام نہ دو
آندھی بھی دھرتی کے کتنے گھاؤ بھرتی جاتی ہے

انساں اور پریشاں، اور پریشاں ہوتا جاتا ہے
دُنیا ہے کہ اور سنورتی، اور سنورتی جاتی ہے

سیّد معراج جامی

❐

زمین، فرش، فلک، سائبان لکھتے ہیں
ہم اس جہان کو اپنا مکان لکھتے ہیں

ہمارے عہد کی تاریخ منفرد ہوگی
لہو سے اپنے جسے نوجوان لکھتے ہیں

یہ جھوٹ ہے کہ حقیقت، یہ جبر ہے کہ خلوص
جو بے وفا ہیں انہیں مہربان لکھتے ہیں

جو آنے والے زمانوں سے باخبر کردے
جبینِ وقت پہ وہ داستان لکھتے ہیں

سمندروں کے ستم کی کہانیاں جامیؔ
دریدہ ہوتے ہوئے بادبان لکھتے ہیں

سیفی سرونجی

□

ایسا نہیں ہم سے کبھی لغزش نہیں ہوتی
پر جھوٹی کبھی ہم سے نمائش نہیں ہوتی

کلیاں بھی نئی سوکھ کے مرجھا گئیں اب تو
مدّت سے مرے شہر میں بارش نہیں ہوتی

دھرتی کبھی کانپی کبھی آکاش بھی لرزا
اِک شخص کو لیکن ذرا جنبش نہیں ہوتی

کھودو گے زمیں روز تو نکلے گا دفینہ
کوشش جسے کہتے ہیں وہ کوشش نہیں ہوتی

مانا ترے در سے کوئی خالی نہیں جاتا
سیفؔی یہ مگر کوئی نوازش نہیں ہوتی

شارق جمال

□

آئینے سے پھر کیا، آئینے لڑے ہیں
اس شہر کے پتھر، حیرت میں پڑے ہیں

تشہیر انا سے مرعوب ہیں آنکھیں
چھوٹی ہے عبارت، اور لفظ بڑے ہیں

اس شخص کا جینا، ہے مثلِ کرامت
جس شخص کے آگے، حالات کڑے ہیں

اس بار کا موسم، وہ سمجھے گا کیسے؟
دریا کے کنارے، مٹّی کے گھڑے ہیں

باپ اس کو انا سے، تعبیر کرے کیوں؟
وہ بچّے جو ضد کی، سرحد پہ کھڑے ہیں

شان بھارتی

□

کہاں اب کچھ جبینیں سوچتی ہیں
جو ہوگا کل، مشینیں سوچتی ہیں

مہذّب کس طرح ہو نوعِ انساں
یہ بات اب میگزینیں سوچتی ہیں

ہوائیں اس قدر مایوس ہیں کیوں
پرندوں کی اڑانیں سوچتی ہیں

ہمارا حشر بعدِ حشر کیا ہو؟
ہر اک لمحہ زمینیں سوچتی ہیں

کوئی چولہا بجھے اے شانؔ یا دل
یہ کب کوئلے کی کانیں سوچتی ہیں

شاهد جمیل

□

مری نظر کہ ترا دل، پرندا و جھل ہے
ہر ایک خواب کا حاصل، پرندا و جھل ہے

شجر جو کہہ نہ سکے، آسماں وہی سن لے
یقیں ہے وہم کی منزل، پرندا و جھل ہے

شفق شفق وہی سرخی، اُڑان کی تعبیر
اُفق اُفق وہی محفل، پرندا و جھل ہے

صدا میں سمت نہیں، بازگشتِ لامحدود
سفر کی شرط میں شامل، پرندا و جھل ہے

بھنور کا کام جزیرے کو ورغلانا تھا
دُھواں دُھواں لبِ ساحل، پرندا و جھل ہے

شاھد نعیم

□

زندگی میری ہوئی ہے پھر نڈھال
یہ امید بے ثباتی کا کمال

جب چلی اے زیست مستقبل کی بات
بن گیا ہوں آپ خود اپنا سوال

شعر کہہ کر، پاس رکھ لیتا ہوں میں
فن کی دُنیا میں نہ ہو پھر قیل و قال

پوچھنا کیا شہر سنگ و خشت سے
رنگ بدلا ہے زمانے کی مثال

میں کہ ماہر شعر میں شاہدؔ نہیں
صرف پیشِ لفظ ہے میرا خیال

شاہین

بدن کے روپ کا اعجاز انگ انگ تھی وہ
مرے لیے تو مری روح کی ترنگ تھی وہ

سیہ گھٹاؤں سے کرنیں تراش لیتی تھی
مری حیات کی اِک جاگتی اُمنگ تھی وہ

گلوں کے نام کھلی پیٹھ پر مری لکھ کر
خزاں کے پھیلتے لمحوں سے محوِ جنگ تھی وہ

وہ زخم خوردۂ حالات خود رہی، لیکن
تمام نکہت و نغمہ تمام رنگ تھی وہ

نہ جانے کتنے تھے شاہینؔ اس کے متوالے
اگرچہ شاخ میں اُلجھی ہوئی پتنگ تھی وہ

شبنم رومانی

کیجیے اور سوالات نہ ذاتی مجھ سے
اتنی شہرت بھی سنبھالی نہیں جاتی مجھ سے

نام اشیاء کے بتائے، مگر اے حکمتِ غیب!
کاش تو میری حقیقت نہ چھپاتی مجھ سے

دل شکن، عہد شکن، صبر شکن، قدر شکن
پوچھ لے اپنے سب القابِ صفاتی مجھ سے

ہار جاتا میں خوشی سے، کہ وفا کا تھا سوال
جیت جاتی وہ اگر شرط لگاتی مجھ سے

میں بھی انسان ہوں مری جان، فرشتہ تو نہیں
رکھ نہ اس درجہ تعلق جذباتی مجھ سے

شگفتہ طلعت سیما

◻

پانی کو خون، خون کو پانی لکھے گا کون
جب تم نہیں، کبیر کی بانی لکھے گا کون

بچپن کی من پسند کہانی لکھے گا کون
راجہ تھا ایک، ایک تھی رانی لکھے گا کون

میری اَنا تو مجھ کو بچا لے گئی مگر
ظالم نے کی دروغ بیانی لکھے گا کون

یکتا ہوں اپنے فن میں، مگر اے مری غزل
ہر شعر میں ہے کیسی روانی لکھے گا کون

مرجھا چکے ہیں چہروں کے مانند لفظ بھی
سیما جی اب شگفتہ کہانی لکھے گا کون

شمیم قاسمی

□

اب تو شب خون مارتی ہیں بطخ
اور مرغابیاں کریں چخ چخ

رات بھر گرم تھا بدن ، بستر
صبح دَم ہوگئے تھے دونوں یخ

عین اور غین کے تلفظ میں
زور سے پڑھ گیا وہ رکھ کو "رَخ"

خوب لکھّا ہے آدمی نامہ
واقعی آدمی ہے اتنا چغ؟[1]

قبل سے ایک شے نمایاں تھی
اُس پہ ملبوس کی پھبن اَخ اَخ

[1] بہ معنی جعل ساز، فراڈ

شوکت ہاشمی

□

تری سازشوں سے ہی جگنو مَرے
مری بد دُعا ہے کہ اب تو مَرے

کرے کون پھولوں کے موسم کا ذِکر
اگر شہر میں عکسِ خوشبو مَرے

جیوں جس طرح کوئی درویش ہو
مروں جس طرح کوئی سادھو مَرے

مجھے تُو نے مارا ہے جس حال میں
اُسی حال میں زندگی! تُو مَرے

اُفق پر لہو، لہر چھانے کے بعد
کسی روز ظلمت کا جادو مَرے

شہپر رسول

□

سخن کیا جو خموشی سے شاعری جاگی
چراغ لفظوں کے جل اُٹھے روشنی جاگی

ضدِ ملال و مسرت میں عمر بیت گئی
یہ دیو سویا، نہ وہ خواب کی پری جاگی

تو "برف درد سمندر" میں اضطراب آیا
تو "خشک چشم جزیرے" میں کچھ نمی جاگی

وہاں زباں پہ سمندر کی خشکیاں اُبھریں
یہاں زمین کے ہونٹوں پہ کچھ ہنسی جاگی

نظر نظر میں سمائیں حلاوتیں شہپر
خیالِ لمس و نظارہ میں سرخوشی جاگی

شہریار

□

تیرے آنے کی خبر آتے ہی ڈر لگنے لگا
غیر کا لگتا تھا جو، وہ اپنا گھر لگنے لگا

کیا حریفوں میں مرے سورج بھی شامل ہو گیا
زرد پتّا راستے کا کیوں شجر لگنے لگا

یاد آتا تھا کسی اِک نقرئی آواز کا
پھر سے سنّاٹوں کا مجمع بام پر لگنے لگا

میں سلامت ہوں مگر یہ خواب آنکھیں کربلا
جو جدا تن سے ہوا وہ میرا سر لگنے لگا

جانے کیا اُفتاد پڑنے کو ہے مجھ پر دوستو!
معتبر لوگوں کو اب میں معتبر لگنے لگا

عارف شفیق

گھر سے چیخیں اُٹھ رہی تھیں اور میں جاگا نہ تھا
اتنی گہری نیند تو پہلے کبھی سویا نہ تھا

نشّہء آوارگی جب کم ہوا تو یہ کھُلا
کوئی بھی رَستہ مِرے گھر کی طرف جاتا نہ تھا

کیا گلہ اِک دوسرے سے بیوفائی کا کریں
ہم نے ہی اِک دوسرے کو ٹھیک سے سمجھا نہ تھا

گُل نہ تھے جس میں وہ گلشن بھی تھا جنگل کی طرح
گھر وہ قبرستان تھا جس میں کوئی بچّہ نہ تھا

آسماں پر تھا خدا تنہا مگر عارف شفیقؔ
اس زمیں پر کوئی بھی میری طرح تنہا نہ تھا

عارف فرہاد

مجھے بہ فیضِ تفکّر ہوا ہے یہ ادراک
چمک اٹھوں گا کسی روز میں سرِ افلاک

کس اوج موج میں مجھ پر کھلا ہے یہ احوال
زمیں سے تا بہ فلک اُڑ رہی ہے میری خاک

عجب نہیں کہ نیا آفتاب اُبھرنے تک
خلا کے ہاتھ پہ گرداں رہے زمین کا چاک

یقین بھی تھا اسے ہجر کا مگر پھر بھی
صبا کے پہلو سے لپٹی بہت چمن کی خاک

یہ خاک ہی مری زنجیر بن گئی' ورنہ
مری نگاہ میں جچتی نہیں کوئی پوشاک

عاصم شہنواز شبلی

□

تمہاری یاد کا سایا نہ ہوگا
کوئی بہتا ہوا دریا نہ ہوگا

یہ منظر بھی نظر آئے گا اِک دن
بدن ہوگا، کوئی چہرا نہ ہوگا

زمانے ہوں گے میری دسترس میں
تمہارے قرب کا لمحہ نہ ہوگا

سمندر کی طرح وہ شانت لیکن
لہو آنکھوں سے کیا ٹپکا نہ ہوگا

فقط سنّاٹے میں چیخا کریں گے
مکاں ہوں گے کوئی بستا نہ ہوگا

عاصی کاشمیری

سنتا نہیں ہے وہ بھی تو میری پکار کو
میرے لیے نہیں تو خدا کس کے لیے ہے

محسوس ہو رہی ہے گھٹن سانس لینے میں
یہ ٹھنڈی ٹھنڈی تازہ ہوا کس کے لیے ہے

کیوں کانپ کانپ اُٹھتی ہے تیری زبان بھی
ہونٹوں پہ تیرے حرفِ دعا کس کے لیے ہے

بنجر زمین کو نہ ہوئی بوند بھی نصیب
پھر روز یہ برستی گھٹا کس کے لیے ہے

الفاظ کی زبان نہ تم کو دے سکے
عاصی تمہاری فکرِ رسا کس کے لیے ہے

عبد القوی ضیا

کوئی بستی کوئی قریہ نہیں ہے
جہاں میں نے تجھے پایا نہیں ہے

جدھر دیکھو سکوتِ بیکراں ہے
سرِ مقتل تو سنّاٹا نہیں ہے

دِیے بجھ جائیں لو بجھتی نہیں ہے
ہوا کو کیوں یہ اندازہ نہیں ہے

عجب بستی ہے جس میں آ بسے ہیں
سبھی جھوٹے کوئی سچّا نہیں ہے

ضیاؔ میں نے جسے سمجھا ہے برسوں
اسے دیکھا، مگر دیکھا نہیں ہے

عبد اللہ کمال

□

اَنا رہی نہ مری مطلق العنانی کی
مرے وجود پہ اِک دل نے حکمرانی کی

کرم کیا کہ بکھرنے دیا نہ اُس نے مجھے
مرے جنوں کی حفاظت کی، مہربانی کی

پہاڑ کاٹنا اِک مشغلہ تھا بچپن سے
کڑے دِنوں میں بھی تیشے سی نوجوانی کی

بدن کہ اُڑنے کو پر تولتا پرندہ سا
کسی کمان سی چڑھتی ندی جوانی کی

کمالؔ میں نے تو در سے دِیے اُٹھائے نہیں
اُٹھائی اس نے ہی دیوار بدگمانی کی

عزیز پری ہار

لفظ کی تقدیر میں کیا لکھا ہے
معنی کا سنسار خلا لکھا ہے

تفہیم کا دریا ہے کہ اُمڈ آیا
سطح پہ گوہر کا پتا لکھا ہے

کس سے ترسیل کے معنی پوچھیں
کس سے پوچھیں کہ یہ کیا لکھا ہے

کس کی سرگوشی گونج اٹھی ہے
کون ہے متن میں یہ کیا لکھا ہے

مُردہ تحریر کو زندہ رکھنا
اس میں پیغام رسا لکھا ہے

عتیق اللہ

□

کچھ اور دن ابھی اس جا قیام کرنا تھا
یہاں چراغ، وہاں پر ستارہ دھرنا تھا

وہ رات، نیند کی دہلیز پر تمام ہوئی
ابھی تو خواب پہ اِک اور خواب دھرنا تھا

متاعِ چشمِ تمنّا یہ اشک اور یہ خاک
رگِ خیال سے اس کو طلوع کرنا تھا

نگاہ اور چراغ اور یہ اثاثۂ جاں
تمام ہوتی ہوئی شب کے نام کرنا تھا

گریز کرتی ہوئی موجِ آب سر پر تھی
اور ایک پل کے سرے پر مجھے ٹھہرنا تھا

شہود عالم آفاقی

□

فن کے شجر پر پھل جو لگے ہیں
ان میں زیادہ تر کچّے ہیں

کیسا یہ کلجگ آیا ہے
لوگ پڑوسی سے ڈرتے ہیں

جھوٹ ہے سب، آئے تھے فسادی
یہ تو کرشمے وردی کے ہیں

کتنے دانشور ہو بھیّا
جاننے والے جان رہے ہیں

چیخ کے لہجہ بول رہا ہے
شعر شہودؔ آفاقی کے ہیں

صابر آفاقی

□

میں بلبے شبہ کی طرح باصفا بھی رہتا ہوں
کہ بے نیاز بھی محوِ دُعا بھی رہتا ہوں

زمیں سے ٹوٹ بھی جاتا ہے رابطہ میرا
یہاں میں رہتے ہوئے ماورا بھی رہتا ہوں

بدن تو خاک کا رزقِ لذیذ بنتا ہے
کتابِ عشق میں صدیوں لکھا بھی رہتا ہوں

شبِ گمان میں جلتا ہے میرے دل کا چراغ
تجلّیاتِ یقیں میں بجھا بھی رہتا ہوں

تضاد میری طبیعت کا ہے عجب صابرؔ
جفا بھی کرتا ہوں نقشِ وفا بھی رہتا ہوں

صدیق مجیبی

□

نیرنگِ جہاں رنگِ تماشا ہے تو کیا ہے
ہر ایک قدم آگ کا دریا ہے تو کیا ہے

ہم دل کے مصاحب ہیں ہر اِک بات پہ راضی
اِک موڑ غلط راہ میں آیا ہے تو کیا ہے

سو رنگ کے دریاؤں کا پانی ہے نظر میں
اب باد یہ پیمائیِ صحرا ہے تو کیا ہے

اِک دھند ہے منظر سے زیادہ پسِ منظر
اِک وہم پر دل والہ و شیدا ہے تو کیا ہے

جی لیں کہ نہ جی پائے یہ حسرت تو نہ ہو گی
قسمت میں فنا حرفِ نوشتہ ہے تو کیا ہے

صغریٰ عالم

□

دید کا اصرار موسیٰ، لن ترانی کوہِ طور
ہم نے آنکھیں بند کیں اور آ گئے تیرے حضور

اب حنائی دست کی ہوں گی اجارہ داریاں
آنکھ میں شبنم جبیں کے نور میں رنگِ شعور

بات کرنا، موسمِ برسات کی پہلی جھڑی
مسکرا کے دیکھنا قوسِ قزح کا ہے ظہور

پھول بستی میں چلیں ہم جولیوں کا ساتھ ہے
شہروں شہروں بڑھ گیا ہے سنگ زادوں کا فتور

پیشِ خدمت ہے یہ اپنی بات' اپنا ادّعا
دیکھنا حرفِ سخن پر کس کو حاصل ہے فتور

ظفر اقبال

□

کہاں تک مفت میں رُسوایئے گا
کسی دن تو بغل گیرایئے گا

کبھی تعریف کرتے ہیں ہماری
کسی روز آپ بھی اچھایئے گا

طبیعت کی روانی رُک گئی ہے
کبھی آکر اسے دریایئے گا

کبھی تو کیجیے گا منصفی بھی
سو کب تک رنجشِ بے جایئے گا

ظفؔر جیسا سلوک اس نے کیا ہے
جواباً آپ بھی ویسایئے گا

ظفر گورکھپوری

□

ایک مُٹھی ایک صحرا بھیج دے
کوئی آندھی میرا حصّہ بھیج دے

زندگی بچّی ہے اس کا دل نہ توڑ
خواب کی ننھّی سے گڑیا بھیج دے

عکس، خاکہ، دُھند، پرچھائیں، غبار
میرے قابل کوئی تحفہ بھیج دے

سو برس کی عمر لے کر کیا کروں
چین کا بے قید لمحہ بھیج دے

آسماں! بنتِ زمیں کے واسطے
سات رنگوں کا دوپٹّہ بھیج دے

ظفر ھاشمی

آپ تو گھر چاند تاروں سے سجانے میں ہیں ماہر
میں بھی کچھ ایسا ہنر رکھتا ہوں لیکن

سب کچھ رگ رگ میں رواں ہیں منجمد شعلوں کی موجیں
میں بھی کتنے ہی بھنور رکھتا ہوں لیکن

تم تو اپنی کشتیوں سے جا چکے ہو
میں سلگتے عہد میں اپنا سفر رکھتا ہوں لیکن

نام میرا مسخ کرنے کی کہاں تک کوششیں کرتے رہو گے
میں زمین و آسماں کی ہر خبر رکھتا ہوں لیکن

شاخِ گل کی ہر لچک سہمی ہوئی ہے، پھول، پتے جھڑ رہے ہیں
میں بھی ایسا ایک گھر رکھتا ہوں لیکن

عادل منصوری

دیوار کے سکوت سے ڈرنا بھی ہو سکے
ہمزاد سے کلام کا کرنا بھی ہو سکے

صحرا کے بیچوں بیچ کوئی اونٹ بھی نہیں
سورج کے ساتھ کیسے سفرنا بھی ہو سکے

یہ اور بات ہے کہ نہیں کرتے پیش و پس
ہونے کو یوں تو زیر زبرنا بھی ہو سکے

جبکہ رہے ہوں ٹھیٹھ لڑکپن سے بگڑے دل
اس عمر میں تو خاک سدھرنا بھی ہو سکے

اُردو ہی جانتے ہیں نہ واقف عروض سے
عادلؔ سے کیا غزل میں وگرنہ بھی ہو سکے

عشرت ظفر

□

ہر ایک عہد میں جو سنگسار ہوتا رہا
لہو لہو میں اُسی حرف کے بدن میں ہوں

زبان کیوں نہیں بنتی ہے ہم نوا دل کی
یہ شخص کون ہے، میں کس کے پیرہن میں ہوں

مرے لہو سے ہی اس نے سپر کا کام لیا
اسے خبر تھی کہ میں طاق اپنے فن میں ہوں

ہر آئینے میں ہے محفوظ میری ہی تصویر
بہت دِنوں سے میں خود اپنی انجمن میں ہوں

صدائیں دیتا ہے عشرتؔ کوئی مرے اندر
کہ میں رفیق ترا راہِ پُر شکن میں ہوں

علقمہ شبلی

□

وہ مصافِ زیست میں ہر موڑ پہ تنہا رہا
پھر بھی ہونٹوں پر نہ اس کے کوئی بھی شکوہ رہا

جو سدا تشنہ لبوں کے واسطے دریا رہا
عمر بھر وہ خود بہ نامِ دوستاں پیاسا رہا

عقل حیراں ہے جنوں بھی دم بخود ہے سوچ کر
وہ ہجومِ کشتگاں میں کس طرح زندہ رہا

پھولنے پھلنے کا موقع تو کہاں ان کو ملا
نیم جاں پودوں پہ جب تک آپ کا سایہ رہا

علقمہ شبلی ہوا کیسی چلی گلزار میں
آشیاں میں بھی پرندہ وقت کا سہما رہا

علیم صبا نویدی

□

تیرے جمال کی دوشیزگی کی قوسِ قزح
نگاہِ مہبطِ ادراک میں نہ کیوں رکھ لوں

زمانہ ساز ہوں میں آئینہ صفت ہوں میں
ہے وقت پیچھے مرے، میں جہاں جدھر نکلوں

بھنور بھنور مجھے دیتا ہے وسعتِ افکار
حصارِ شور و تلاطم میں کب تلک میں رہوں

کشا کشِ غمِ ہستی مجھے اجازت دے
کنوارے پن کی ہتھیلی پہ تیرا نام لکھوں

وہ ایک نام فلک آشنا، حیات آگیں
میں اپنی سانسوں میں پیہم رواں دواں دیکھوں

عنوان چشتی

□

زندہ باد اے دشت کے منظر زندہ باد
شہر میں ہے جلتا ہوا ہر گھر زندہ باد

کتنے نوعمروں کے قصّے پاک کیے
کرفیو میں چلتا ہوا خنجر زندہ باد

تیرے میرے رشتوں کے سنگین گواہ
ٹوٹی مسجد، جلتا مندر زندہ باد

آگ لگی ہے من کے باہر، کیا کہیے
پھول کھلے ہیں من کے اندر زندہ باد

دل پر اِک گھنگھور گھٹا سی چھائی ہے
آنکھوں میں پھرتا ہے سمندر زندہ باد

غلام مرتضیٰ راہی

□

پڑی ہے میری تاک میں ساری رات الگ
ادھر لگائے بیٹھا ہے دن گھات الگ

دھوم دھام کے ساتھ بڑی خاموشی سے
نکلی اس کی یادوں کی بارات الگ

کوئی اسے پہچان سکے تو پہچانے
سب میں رہ کر سب سے اس کی ذات الگ

تو اپنے بندوں سے پردہ کرتا ہے
حور ملائک دیو پری جنّات الگ

دھرتی کے نیچے کا پانی کھنچا ہوا
روٹھ گئی ہے اوپر سے برسات الگ

فضا ابن فیضی

□

شمار کون کرے، سنگِ میل کتنے ہیں؟
یہ رستے چند نفس کے، طویل کتنے ہیں؟

مہاجرت کی ہوا میں، پتہ نہیں چلتا
مقیم کون ہے؟ ابن السبیل کتنے ہیں؟

میں اِک خرابۂ آباد ہوں، کہ مجھ میں بھی
رواق و گنبد و طاق و فصیل کتنے ہیں؟

جدید نسل تو، بالکل ہے فاختہ جیسی
اب ان پرندوں میں مرغِ اصیل کتنے ہیں؟

ہوئے شگفتہ فضاؔ! میری فکر میں ڈھل کر
وہ لفظ بھی، جو غریب و ثقیل کتنے ہیں؟

فہیم اعظمی

لفظ کا بس ہے تعلّق میرے تیرے درمیاں
لفظ کے معنی پہ قائم سارے رشتوں کا نشاں

پہلے چپ کی گفتگو اس کی سمجھ میں آتی تھی
بھول بیٹھی ہے کہی اور اَن کہی دونوں زباں

لفظ خود ہم نے گڑھے اظہارِ اُلفت کے لیے
وصل کی تکمیل ہے ممنونِ تشکیلِ لساں

ہو نہ گر الفت تو نفرت ہو، ضروری تو نہیں
یہ بھی ہو سکتا ہے وہ ہو بے نیازِ عاشقاں

لب کشا ہوں یا کہ چپ ہوں دیکھ کر اس کی طرف
ہے فہیمؔ اپنے قبیلے کا سمجھتا ہے زیاں

فیضی سمبل پوری

□

تپتا سورج شام کو ڈھل جائے گا
وقت کیسا ہی پڑے، ٹل جائے گا

آگیا ہے راس ویرانہ اسے
لوٹ کے گھر کیسے پاگل جائے گا

جھومتا لہراتا، للچاتا چلا
کیا پتا کس دیس بادل جائے گا

پھونکنے سے قبل ہمسائے کا گھر
یہ نہ سوچا، اپنا گھر جل جائے گا

فیضی کتنے باوفا ہوتے ہیں دوست
وقت پڑتے ہی پتا چل جائے گا

کالی داس گپتا رِضا

وہ پھیلے صحراؤں کی جہاں بانیاں کہاں ہیں
یہ سب تو گھر جیسا ہے، وہ ویرانیاں کہاں ہیں

وہی امیدیں، شکستِ دل کی وہی کہانی
وہ جاں بکف دوستوں کی قربانیاں کہاں ہیں

سلگ رہے ہیں زمیں زماں، پھر بھی پوچھتے ہو
شرر فروشوں کی قہر سامانیاں کہاں ہیں

قدم قدم پر فریب، پگ پگ نکیلے کانٹے
چمن تک آنے کی اب وہ آسانیاں کہاں ہیں

رِضاؔ یہ محفل تو سرد ہی ہوتی جا رہی ہے
کہاں ہیں شمعیں، وہ شعلہ سامانیاں کہاں ہیں

کرشن کمار طور

□

اوروں پر باہر اور اندر ہم پہ کُھلے
یہ سورج پر چھائیں پہن کر ہم پہ کُھلے

تنگ ہیں اتنے دیواروں سے شاید ہم
جی کرتا ہے اب اپنا گھر ہم پہ کُھلے

کچے گھڑے نے ضد میں پانی چوم لیا
کیا کیا نکتے تھے جو اکثر ہم پہ کُھلے

آنکھوں نے کیسے کیسے نقش کو چمکایا
دُنیا میں کیسے کیسے منظر ہم پہ کُھلے

کیسا سوانگ رچایا میری اَنا نے طورؔ
بند تھے اِک مدّت سے جو در ہم پہ کُھلے

کرشن موہن

جب بھی اپنا پن لکھا
آگیا چہرے پہ انتر من لکھا

آہ کیوں ہم نے کتابِ زیست میں
خود فریبی ہی کو من درپن لکھا

کتنے سادہ لوح تھے ہم لوگ بھی
اس کی تیکھی چھیڑ کو اَن بن لکھا

رو کے پشچاتاپ سے پاون ہوئے
اس لیے ساون کو من بھاوَن لکھا

کرشن موہن رہ گیا
کچھ کتابوں میں لکھا، کچھ اَن لکھا

لطف الرحمٰن

اپنے لفظوں میں کہ ہر چند عیاں ہوں میں بھی
بن کے زخموں کی کسک خود میں نہاں ہوں میں بھی

تیرے آغاز سے انجام ہے روشن میرا
برگِ آوارہ کوئی خاک رواں ہوں میں بھی

معتبر اب تو بنا اے نگہہِ ناز مجھے
اس بھرے شہر میں بے نام و نشاں ہوں میں بھی

وضع داری کا خریدار کہیں سے لاؤ
اپنی تہذیب کی اُٹھتی سی دوکاں ہوں میں بھی

تیرے خوابوں سے ہے آباد خرابہ میرا
تیری یادوں میں گراں تا بہ گراں ہوں میں بھی

محبوب راھی

الطاف و کرم غیض و غضب کچھ بھی نہیں ہے
تھا پہلے بہت کچھ مگر اب کچھ بھی نہیں ہے

برسات ہو سورج سے سمندر سے اُگے آگ
ممکن ہے ہر اِک بات، عجب کچھ بھی نہیں ہے

دل ہے کہ حویلی کوئی سنسان سی، جس میں
خواہش ہے نہ حسرت نہ طلب، کچھ بھی نہیں ہے

اب زیست بھی اِک لمحۂ ساکت ہے کہ جس میں
ہنگامۂ دن، گرمیِ شب کچھ بھی نہیں ہے

سب قوتِ بازو کے کرشمات ہیں راہیؔ
کیا چیز ہے یہ نام و نسب، کچھ بھی نہیں ہے

محمد سالم

بیت گیا ہے پیار کا موسم گھر گھر صحرا جیسا ہے
دل کے دروازے پر اب تو خاموشی کا پہرا ہے

سات سمندر پار جو آکر دشتِ فضا کو دیکھا ہے
ریت کا منظر آنکھوں میں ہے دل میں خوف کا دریا ہے

اس کی کشتی ڈوب گئی تھی بیچ بھنور میں آ کے مگر
کس مشکل سے جان بچا کر ساحل تک وہ آیا ہے

ظلمت کی راہوں میں ہم بھی گم ہو کر رہ جاتے، مگر
نور کا پیکر ساتھ ہمارے آگے آگے چلتا ہے

بھول گیا ہوں سب کچھ سالمؔ مجھ کو کچھ بھی یاد نہیں
یادوں کے آئینے میں اب اک اِک چہرہ دھندلا ہے

محسن احسان

□

ہر اشک بوند بوند ہے ہر مُو گرہ گرہ
ہیں سب معاملاتِ منِ و تُو گرہ گرہ

اِک رشتۂ جمال میں ہم نے پرو دیے
آنکھوں سے بہہ رہے تھے جو آنسو گرہ گرہ

فرخندہ ساعتوں کا نہ کر تذکرہ کہ اب
لوحِ جبیں شکن شکن ابرُو گرہ گرہ

اس عہد نے خودی کا عجب حال کر دیا
ہر سِفلہ باوقار ہے، حق جُو گرہ گرہ

محسنؔ کوئی نجات کا رستہ تلاش کر
حالات وواقعات ہیں ہر سُو گرہ گرہ

محسن بھوپالی

□

میں لفظوں کے اثر کا معجزہ ہوں
مجھے دیکھو مجسّم اِک دعا ہوں

میں چھوٹوں میں بہت چھوٹا ہوں لیکن
بڑوں کے درمیاں سب سے بڑا ہوں

تلاشِ رزق میں نکلا تھا گھر سے
اب اپنے آپ کو میں ڈھونڈتا ہوں

عطا کر حوصلے کو استقامت
مرے معبود تنہا رہ گیا ہوں

مرے الفاظ ہیں آواز محسنؔ
میں نغمہ ہوں اگرچہ بے صدا ہوں

مشکور حسین یاد

□

حرفِ کُن میں سفر کرو
اپنی دُھن میں سفر کرو

جلدی سے کھولو آنکھیں
چھُم سے چھُن میں سفر کرو

اپنے پرائے جگ سرمائے
اِن میں اُن میں سفر کرو

کورا برتن گاتا جل
اِس سُن سُن میں سفر کرو

بالک من کو چھیڑا یاؔد
اب ٹھُن ٹھُن میں سفر کرو

مصور سبزواری

ہوا ارزہ میں دیے طاقوں میں مدّھم ہو گئے ہیں
محاذ اب دوریوں کے کتنے محکم ہو گئے ہیں

ہجومِ ناشناساں میں ہے اتنا ہی غنیمت
یہ رشتے اجنبیت کے جو قائم ہو گئے ہیں

چٹانوں سے جہاں تھی گفتگوئے سخت لازم
وہیں شیریں سخن، لہجے ملائم ہو گئے ہیں

مرے بچّے ترا بچپن تو میں نے بیچ ڈالا
بزرگی اوڑھ کر کاندھے ترے خم ہو گئے ہیں

عذابوں سے ٹپکتی یہ چھتیں برسوں چلیں گی
ابھی سے کیوں مکیں مصروفِ ماتم ہو گئے ہیں

مظفر حنفی

چاند اگا ہے، پُروا سنکی، چلنا ہے تو چل
مہکانے پھلواری من کی، چلنا ہے تو چل

کھیتوں کو جل تھل کرنا ہے، ندیوں کو لبریز
چٹھی آئی ہے ساون کی، چلنا ہے تو چل

رات اندھیری، رستہ لمبا، کانٹوں کی بہتات
یہ سب چالیں ہیں رہزن کی، چلنا ہے تو چل

یادوں نے اُلٹی کھینچی ہے آج سمے کی ڈور
وہ پگڈنڈی ہے بچپن کی، چلنا ہے تو چل

دُنیا کے بازار سے نکلیں پریم نگر کی اور
بازی ہاریں تن من دھن کی، چلنا ہے تو چل

مظہر امام

□

ترا خیال سرِ شامِ غم سنورتا ہوا
مرے قریب سے گذرا سلام کرتا ہوا

جھجک رہا تھا وہ مجھ سے نظر ملاتے ہوئے
کہ میں بھی تھا اسی خاکے میں رنگ بھرتا ہوا

ملا وہ پانچ ستاروں کی رقص گاہوں میں
زمانے بھر سے پشیمان، خود سے ڈرتا ہوا

رقم ہوا نہیں اب تک نصابِ ہم سفری
وہ قافلہ بھی ملا جب تو کوچ کرتا ہوا

کنارہ تھا مرے دریا سے کٹ گیا وہ شخص
کہ میں تھا وقت کی سرحد کو پار کرتا ہوا

مناظر عاشق ہرگانوی

□

عجیب فصل ہے یہ غم نہاں نہ ناپ
یہاں کسی بھی رُخ کی اُداسیاں نہ ناپ

چھپی ہوئی مٹھاس انہیں لبوں میں دیکھ
کسی فسردہ ذہن کی تلخیاں نہ ناپ

بکھر گیا ہے شاخ پہ تنکے کا لباس
مرے وجود سے مرا آشیاں نہ ناپ

جو قیدِ فکر میں ہے تری وہی ہے اصل
جو اُڑ گیا فضاؤں میں وہ دُھواں نہ ناپ

اُلجھ رہی ہے کب سے یہ راستہ کی طرح
بہت طویل سی ہے یہ داستاں نہ ناپ

منصور عمر

□

زمانے بھر کی رفاقتوں سے گذر گئے ہیں
اٹھی ہے انگلی جدھر گئے ہیں

میں ڈھونڈتا پھر رہا ہوں آغوشِ کہکشاں میں
وہ تارے جن سے کئی مقدر سنور گئے ہیں

تری جھلک دیکھنے کی ضد اب نہیں ہے باقی
جو خود کو دیکھا تو ڈر گئے ہیں

مکاں ہو کہ لامکاں تمہارا
ترے اشارے پہ ہر جگہ بے خطر گئے ہیں

یہ بھیڑ کیوں ہے؟ پتہ نہیں ہے
زمیں نے پکڑے قدم تو ہم بھی ٹھہر گئے ہیں

منظر سلیم

ایک جیسے نیم جاں ماحول و منظر دُور تک
بے نوا، بے نام لوگوں کے سمندر دُور تک

بس وہی لفظوں کی بارش ایک سی ہر ابر سے
ایک سے پیاسی زمینوں کے مقدر دُور تک

خاک ہوتے آتشِ احساسِ محرومی سے دل
برف مایوسی میں جکڑے ذہن اکثر دُور تک

زندگی کو ناگنوں کی طرح ڈستی گولیاں
زہر بڑھتا پھیلتا اندر ہی اندر دُور تک

دور تک کالے دھوئیں میں خون کی بو تیرتی
تیرتی اور مرثیے لکھتی ہوا پر دُور تک

منوّر ہاشمی

روز گرے اِک خواب عمارت ملبے میں دَب جاؤں
صدیوں کی دیواریں پھاندوں لمحے میں دَب جاؤں

کبھی کبھی صحراؤں کو بھی بند کروں مُٹھّی میں
اور کبھی اِک ریت کے ادنیٰ ذرّے میں دَب جاؤں

میں تو خود اِک پیڑ گھنا ہوں یہ ہے کیسے ممکن
چھوٹے موٹے پودوں کے میں سائے میں دَب جاؤں

ایسا بھی ہو جائے اکثر ویسا بھی ہو جائے
سیلابوں کا رستہ روکوں قطرے میں دَب جاؤں

میرے نام کا "نون" منوّر اصل میں ایک معمّہ
لاکھوں شرحوں میں اُبھروں اِک نکتے میں دَب جاؤں

مہدی جعفر

□

اللہ ابرِ رحمت کو بارانی دے
بادل جابر سے بستی پر اور پیاسوں کو پانی دے

دنیا گرگٹ عفریتوں کا رقص ہویدا کرتی رہے
میرا آنگن پیارے پیارے بچّوں کی قربانی دے

پیری کی لاشوں کا بار سبک کر دے
کوہِ گراں کو رواں کر دے غم کو اتنی آسانی دے

جھیل کا آئینہ گدلانے کب اُتریں گے نیند پرندے
رات ہمارے دُکھے دل کو گہوارہ جنبانی دے

سارا عالم اشکِ سمندر پیش کرے
مظلوموں کی شادابی کے جلووں کو ارزانی دے

ناصر شہزاد

□

نین نشے کی چڑھتی نمو پر
باقی بدن سب جام و سبو پر

چڑیاں، مور، ممولے، وادی
ہم تم ایک کنارِ جو پر

لکھی گئی تاریخ ہماری
کوفہ تیرے کاخ و کو پر

ہم نے اپنی کوِیتا گوندھی
مٹی کی سوندھی خوشبو پر

کربل، حرب، ہراول، حملہ
کربل، آخری ضرب عدو پر

ندا فاضلی

ہر طرف ہر جگہ بے شمار آدمی
پھر بھی تنہائیوں کا شکار آدمی

ہر طرف بھاگتے دوڑتے راستے
ہر طرف آدمی کا شکار آدمی

روز جیتا ہوا روز مرتا ہوا
ہر نئے دن نیا انتظار آدمی

گھر کی دہلیز سے گیہوں کے کھیت تک
چلتا پھرتا کوئی کاروبار آدمی

زندگی کا مقدر سفر در سفر
آخری سانس تک بے قرار آدمی

نذیر فتحپوری

آسماں کا نہ رہا اور زمیں کا نہ رہا
غم کی جو شاخ سے ٹوٹا وہ کہیں کا نہ رہا

اتنے بے رنگ اُجالوں سے نظر گذری ہے
حوصلہ آنکھ کو اب خوابِ حسیں کا نہ رہا

وقت نے سارے بھروسوں کے شجر کاٹ دیے
اب تو سایہ بھی کوئی خاک نشیں کا نہ رہا

کون اب اس کو اُجڑنے سے بچا سکتا ہے
ہائے وہ گھر کہ جو اپنے ہی مکیں کا نہ رہا

اے نذیرؔ اپنی شرافت ہے اسی کی قائل
"ہاں" کا پابند ہو! جب تو "نہیں" کا نہ رہا

نسیم سحر

قبائے جاں پرانی ہوگئی کیا؟
حقیقت بھی کہانی ہوگئی کیا؟

فسردہ پھر ہے اس بستی کا موسم
کہیں پھر ناگہانی ہوگئی کیا؟

دِیے اب شہر میں روشن نہیں ہیں
ہوا کی حکمرانی ہوگئی کیا؟

روابط دھوپ سے ہیں اب تمہارے
بہت بے سائبانی ہوگئی کیا؟

نسیمؔ اُس شخص سے محروم ہوکر
تری جادو بیانی ہوگئی کیا؟

وزیر آغا

□

چلو مانا ہمیں بے کارواں ہیں
جو جزوِ کارواں تھے وہ کہاں ہیں؟

نہ جانے کون پیچھے رہ گیا ہے
مناظر اُلٹی جانب کو رواں ہیں

زمیں کے تال سب سُوکھے پڑے ہیں
پرندے آسماں در آسماں ہیں

سنا ہے تشنگی بھی اِک دُعا ہے
لبوں پر شبد جس کے پرُفشاں ہیں

کھلے صحرا میں مت ڈھونڈو ہمیں تم
سدا سے ہم تمہارے درمیاں ہیں

وسیم بریلوی

اپنے چہرے سے جو ظاہر ہے چھپائیں کیسے
تیری مرضی کے مطابق نظر آئیں کیسے

گھر سجانے کا تصوّر تو بہت بعد کا ہے
پہلے یہ طے ہو کہ اس گھر کو بچائیں کیسے

قہقہہ آنکھ کا برتاؤ بدل دیتا ہے
ہنسنے والے تجھے آنسو نظر آئیں کیسے

پھول سے رنگ جدا ہونا کوئی کھیل نہیں
اپنی مٹّی کو کہیں چھوڑ کے جائیں کیسے

جس نے دانستہ کیا ہو نظر انداز وسیمؔ
اس کو کچھ یاد دلائیں تو دلائیں کیسے

یونس احمر

□

غمِ حیات کا باقی ہے سلسلہ احمؔر
بہت طویل ہے اُلفت کا راستہ احمؔر

عجیب وادیِ سود و زیاں سے گذرا ہوں
قدم قدم پہ ہے فتنوں سے معرکہ احمؔر

خزاں کی فصل جب آئے گی دیکھا جائے گا
ابھی تو رہنے دو شاخوں پہ گھونسلہ احمؔر

نہ جانے کون چمن کا مزاج بدلے گا
وہی ہے گل، وہی بھونروں کا سلسلہ احمؔر

حجاب ٹوٹے گا، رُخ سے نقاب اُترے گی
نظر کو چاہیے جلووں کا حوصلہ احمؔر